Dieses Buch
gehört:

_____

Matthias von Bornstädt

Die große Pony-Party

Mit Hufeisen-Quiz

Bibi & Tina

Lesen lernen

1. Klasse

ab 6 Jahren

Klett Lerntraining

Bibliografische Information der Deutschen Nationalbibliothek
Die Deutsche Nationalbibliothek verzeichnet diese Publikation in der
Deutschen Nationalbibliografie; detaillierte bibliografische Daten sind
im Internet über http://dnb.dnb.de abrufbar.

Dieses Werk folgt der neuen Rechtschreibung und Zeichensetzung.
„Hexspruch" ist ein Begriff aus der Welt von Bibi Blocksberg.

8. Auflage 2021

© 2016 KIDDINX Studios GmbH, Berlin
Redaktion: Susanne Stephan
Lizenz durch KIDDINX Media GmbH
Lahnstraße 21, 12055 Berlin

© PONS GmbH, Stöckachstraße 11, 70190 Stuttgart 2016. Alle Rechte vorbehalten.
www.klett-lerntraining.de; kundenservice@klett-lerntraining.de
Autor: Matthias von Bornstädt, Berlin
Illustrationen: Madlen Frey und Till Bayreuther, Münster
Satz: tebitron gmbh, Gerlingen
Druck: Aumüller Druck GmbH & Co. KG, Regensburg
Bindung: Conzella Verlagsbuchbinderei Urban Meister GmbH & Co KG, Pfarrkirchen
Printed in Germany
ISBN 978-3-12-949409-7

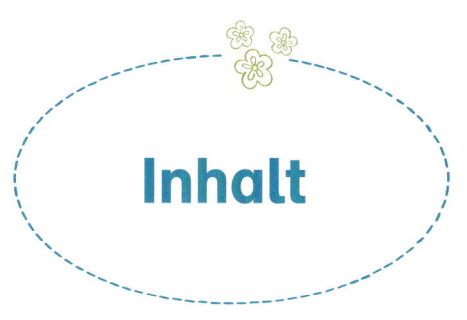

Inhalt

Vorfreude auf dem Martinshof

Heute wird der Martinshof festlich geschmückt.
Die Bewohner des Hofes wollen eine große Party feiern.
Jemand hat Geburtstag.

Es gibt sogar
zwei Geburtstagskinder!
Sind es Bibi und Tina?
Oder Holger und Frau Martin?

Nein! Die Ponys Max und Moritz
haben heute Geburtstag.
Bibi und Tina schmücken
die beiden.
Den Pferdeschmuck haben
die Mädchen selbst gebastelt.

Auch in der Küche
wird fleißig gearbeitet.
Frau Martin backt
mit den Ferienkindern
Leckereien für die Pferde.
Alle machen begeistert mit.

Nur ein Mädchen
macht ein mürrisches Gesicht.
„Was hast du denn, Mia?",
fragt Frau Martin die Kleine.
Doch Mia antwortet nicht.

Sie nimmt die Schüssel
und stößt sie weg.
Flatsch! Der ganze Teig
landet auf dem Küchenboden.
„Was soll das denn?",
fragt Frau Martin überrascht.

„Pah! Ich habe keine Lust
auf diese blöde Party!",
erwidert Mia patzig.
„Komisch. Warum ist Mia heute
bloß so schlecht gelaunt?",
denkt Frau Martin.

Wo ist Mia?

Wenig später ist alles fertig,
und die Party kann starten.
Max und Moritz genießen es,
im Mittelpunkt zu stehen.

11

Auf dem ganzen Martinshof
herrscht eine tolle Stimmung.
Ob sich auch Mia
davon anstecken lässt?
Frau Martin sieht sich suchend
nach dem Mädchen um.

Doch sie kann Mia
nirgends entdecken.
„Vielleicht hat sie sich
im Schlafraum verkrochen?",
überlegt Tina.

13

Sie schaut im Schlafraum nach,
aber Mia ist nicht da.
Zusammen mit Bibi sucht Tina
auch in den Ställen
und in der Scheune.
Leider ohne Erfolg.

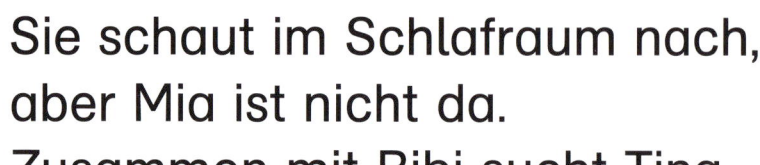

Doch dann entdeckt Bibi
ein rotes Tuch vor dem Hoftor.
Das Halstuch gehört Mia!
„Sie muss fortgelaufen sein",
ahnt Frau Martin.
„Wenn ihr bloß nichts passiert!"

Tierische Helfer

Bibi denkt nach
und kommt auf eine Idee:
„Mia hat viel Zeit
mit Max und Moritz verbracht.
Vielleicht können die Ponys
uns beim Suchen helfen?"

16

Bibi nimmt Mias Halstuch
und hält es Moritz
vor die Nüstern.
Moritz schnuppert neugierig
an dem roten Tuch.

Danach riecht Max
an Mias Halstuch.
Plötzlich wiehern beide Ponys.
Sie scharren aufgeregt
mit ihren Hufen.
Die Suche kann beginnen!

Bibi und Tina führen die Ponys
mit lockeren Zügeln vom Hof.
Die Zwillinge laufen
einen Waldweg entlang.
Sie schnuppern immer wieder
wie Spürhunde am Boden.

Kurz darauf erreichten sie
den See am alten Steinbruch.
„Da ist Mia ja!",
ruft Bibi aufgeregt.
In einem kleinen Boot treibt
das Mädchen auf dem See.

Mia paddelt hilflos
mit einem einzigen Ruder.
Das andere Ruder
ist ins Wasser gefallen.
Über Mias Gesicht
laufen viele dicke Tränen.

Das Rätsel wird gelöst

„Mia, alles wird gut.
Wir helfen dir!",
ruft Bibi und hext:
„Eene meene letztes Teil,
an das Boot ein starkes Seil!
Hex-hex!"

Schon ist am Boot
ein dickes Seil verankert.
Die Seilenden befestigt Bibi
an den Halftern der Pferde.
Langsam ziehen die Ponys
das Boot zurück an Land.

Mia reibt sich die Tränen
aus den Augen.
„Warum bist du denn
weggelaufen?",
fragt Tina sie.
Da muss Mia wieder weinen.

„Na, weil … weil ich heute
doch auch Geburtstag habe!",
sagt sie schluchzend.
„Aber an mich hat keiner gedacht.
Nur Max und Moritz haben
eine schöne Party bekommen."

„Ach so ist das!",
sagt Bibi sanft.
„Wir haben von deinem Geburtstag
leider gar nichts gewusst.
Aber es ist noch nicht zu spät
zum Feiern!"

Zurück auf dem Hof darf Mia
zwei Geburtstagsrunden reiten.
Zuerst reitet sie auf Max,
dann auf Moritz.
So feiern alle zusammen
eine wunderbare Mia-Pony-Party!

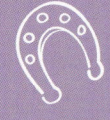

Hufeisen-Quiz

1 **Wie heißen die beiden Ponys?**

G ◯ Max und Moritz

E ◯ Matz und Moritz

S ◯ Mäx und Moritz

2 **Was wird heute gefeiert?**

C ◯ ein Ferientag

E ◯ ein Geburtstag

P ◯ ein Glückstag

3 Warum backt Frau Martin Leckereien?

M ○ um sie auf dem Fest zu verkaufen

B ○ als Geschenk für die Ponys

D ○ weil sie es Mia versprochen hat

4 Mia stößt die Schüssel weg, ...

K ○ weil sie sich erschreckt

U ○ weil sie schlecht gelaunt ist

T ○ aus Versehen

5 Wo suchen Bibi und Tina nach Mia?

F ○ in den Stellen und in der Scheune

T ○ in den Ställen und in der Schäune

R ○ in den Ställen und in der Scheune

6 Warum machen sich alle Sorgen um Mia?

T ○ weil sie weggelaufen ist

S ○ weil sie sich erkältet hat

I ○ weil sie sich verlaufen hat

7 Die Ponys helfen beim Suchen. Wie machen sie das?

S ○ Sie können gut riechen.

T ○ Sie können gut sehen.

O ○ Sie können gut hören.

8 Mia ist so traurig, ...

D ○ weil sie nicht zur Party eingeladen wurde.

T ○ weil keiner an sie gedacht hat.

A ○ weil sie kein Pony hat.

9 **Tina fragt Mia, ...**

N ⚪ wo sie hin wollte.

A ⚪ warum sie weg wollte.

E ⚪ mit wem sie weg wollte.

10 **Welcher Hexspruch hätte auch funktioniert?**

G ⚪ Eene mene nasser Weg, zu dem Boot führt jetzt ein Steg! Hex-hex!

K ⚪ Eene mene buntes Leinen, Mia, hör nun auf zu weinen! Hex-hex!

T ⚪ Eene mene Suppenkoch, gestopft sei nun das kleine Loch! Hex-hex!

Lösungswort

Hast du alle Quiz-Fragen beantwortet?
Dann trage hier die Buchstaben der
richtigen Antworten ein.

| 1 | 2 | 3 | 4 | 5 | 6 | 7 | 8 | 9 | 10 |

Tipp: Das Lösungswort hat etwas mit
der Geschichte zu tun!

Bibi&Tina®

Noch mehr Lesestoff mit den beiden Freundinnen!

ISBN 978-3-12-949409-7

♡ Habe ich schon.

♡ Wünsche ich mir.

ISBN 978-3-12-949495-0

♡ Habe ich schon.

♡ Wünsche ich mir.

ISBN 978-3-12-949333-5

♡ Habe ich schon.

♡ Wünsche ich mir.

ISBN 978-3-12-949529-2

♡ Habe ich schon.

♡ Wünsche ich mir.

ISBN 978-3-12-949614-5

♡ Habe ich schon.

♡ Wünsche ich mir.

ISBN 978-3-12-949630-5

♡ Habe ich schon.

♡ Wünsche ich mir.

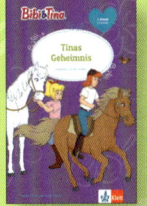

ISBN 978-3-12-949494-3

♡ Habe ich schon.

♡ Wünsche ich mir.

ISBN 978-3-12-949411-0

♡ Habe ich schon.

♡ Wünsche ich mir.

ISBN 978-3-12-949531-5

♡ Habe ich schon.

♡ Wünsche ich mir.

ISBN 978-3-12-949334-2

♡ Habe ich schon.

♡ Wünsche ich mir.

ISBN 978-3-12-949616-9

♡ Habe ich schon.

♡ Wünsche ich mir.

ISBN 978-3-12-949631-2

♡ Habe ich schon.

♡ Wünsche ich mir.

Erhältlich im Buchhandel.
Weitere Infos: www.klett-lerntraining.de